DE L'ESPÈCE

DE GOUVERNEMENT

QUI CONVIENT A LA FRANCE,

SUIVI

De Réflexions sur l'acte Additionnel aux Constitutions,
du 22 avril 1815, et de quelques observations sur le
Gouvernement républicain.

Par M. FIDÈLE.

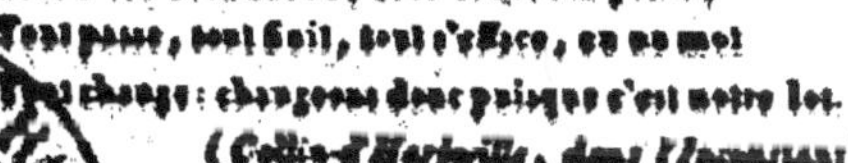

. . . . , Autour de nous tout change:
La terre se dépouille, et bientôt reverdit;
Le [...], tôt ou tard, s'écroule et s'arrondit...
Que dis-je? en moins d'un jour, tour-à-tour, se suivis
Et le froid et le chaud, et le vent et la pluie;
Tout passe, tout finit, tout s'efface, en un mot
Tout change: changeons donc puisque c'est notre lot.
(Collin-d'Harleville, dans l'Inconstant)

A PARIS,

CHEZ LES MARCHANDS DE NOUVEAUTÉS.

1815.

DE L'IMPRIMERIE DE D'HAUTEL,
rue de la Harpe, n°. 80.

AVIS.

Il est des vérités, tellement importantes, qu'on ne doit point se lasser de les offrir à l'attention publique et à la conscience de ceux qui gouvernent.

Fontenelle disait souvent que s'il tenait toutes les vérités dans sa main, il se garderait bien de l'ouvrir pour les montrer aux hommes. On sait que la découverte d'une seule, fit traîner Gallilée dans les prisons de l'inquisition. Tout homme qui la craint, doit prendre exemple sur Louis XII.

Ce monarque avait un enjouement d'esprit qui ne lui permit jamais de se fâcher de la vérité, lors même qu'elle lui reprochait ses défauts. Les comédiens osèrent le jouer sur le théâtre; les courtisans exhortaient le Prince à les punir : *Non*, dit-il, *ils me rendent justice, ils me croient digne d'entendre la vérité.*

Cette brochure, qui sera vieille le lendemain de sa naissance, contient un examen des meilleures espèces de gouvernemens, des observations sur les articles de la Constitution du 4 juin 1814, qui ont été violés, et sur ceux qui l'auraient été dans peu, en rétablissant les vieilles formes monarchiques, anéanties par la Révolution, formes qui nous auraient réduits à l'état de servitude, si Napoléon n'était pas remonté sur le trône.

Des remarques sur quelques articles de l'acte additionnel aux Constitutions du 22 avril dernier; des réflexions sur le Gouvernement républicain terminent cet écrit.

Après avoir donné une idée de cet ouvrage, il me reste à parler du style. Je dirai donc avec sincérité que ce n'est pas ma partie brillante, car les fautes sont en très-grand nombre. On trouvera quelquefois répété dans une phrase, quatre ou cinq fois les mêmes mots, tels que : *il, je, qui, que, vous*, etc., etc.

Mœurs des Français.

Les Français sont humains, généreux et magnanimes. L'esprit et la gaieté brillent dans leur conversation. C'est à leur école que les étrangers viennent apprendre le bon ton de la société, et recevoir des leçons de politesse. Ils sont tout-à-fait industrieux, et réussissent en tout ce qu'ils entreprennent. Ils sont somptueux et délicats ; ils aiment les armes, et donnent dans toutes les occasions des marques de leur bravoure et de leur générosité, aussi rien ne leur résiste.

On accuse les Français d'être légers, frivoles, mobiles dans leurs affections ; prompts à détruire ce qu'ils ont élevé, tenant plus que tout autre peuple à leurs habitudes, et en général assez indifférens sur leur position politique. On les accuse aussi de n'aimer pas les choses difficiles, de conquérir sans peine, mais de ne savoir pas se maintenir dans leurs conquêtes : d'être quelquefois licencieux, trop hardis, inconstans, surtout dans leurs modes. Ils n'ont jamais connu la juste mesure des choses : s'ils blâment, ils déchirent ; s'ils embrassent, ils étouffent ; s'ils louent, ils enivrent d'encens à perdre la tête.

DE L'ESPÈCE
DE GOUVERNEMENT
QUI CONVIENT A LA FRANCE.

DEPUIS vingt-six ans, nous avons connu toute espèce de Gouvernement, et eu six constitutions différentes. Après avoir été treize cent soixante-douze ans soumis à une succession de soixante-sept Rois, nous avons abattu en 1792, l'arbre antique de la Monarchie pour lui substituer le Gouvernement républicain. Nous avons eu alternativement depuis cette époque, des Conventionnels, des Dictateurs, des Consuls, un Empereur et un Roi. Sous ces différens Gouvernemens, la France a-t-elle été heureuse? S'il fallait juger du bonheur d'un état par le nombre des constitutions qu'il a reçues, aucun pays ne serait plus heureux que le nôtre.

Les meilleures formes de Gouvernement pour la France, sont le *Gouvernement Monarchique*, où le *Gouvernement Républicain*, confié à un Consul.

DU GOUVERNEMENT MONARCHIQUE.

Ce terme désigne un État gouverné par un seul Chef. Le Gouvernement le plus commun, le plus ancien et le plus naturel, est la Monarchie. Les Français ont reconnu les avantages de ce Gouvernement, les leçons de l'Histoire, et leur propre expérience leur ont appris que c'était le seul qui convînt à leur caractère et à leurs mœurs, aussi bien qu'au système politique de l'Europe.

On parle beaucoup de la corruption qui entoure le trône, et c'est là, j'en conviens, un des grands inconvéniens de la Monarchie. Un Monarque, s'il est puissant, opprime sa nation; et, s'il est faible, il la laisse opprimer, ou par les grands qui le dominent, ou par les favoris qui l'adulent.

Pour remédier à ces inconvéniens, il nous faut une *Monarchie constitutionnelle*, où le Monarque n'existe qu'en vertu de la Constitution ou du Pacte Social : car un Gouvernement sans Constitution, « est celui où le « Prince est tout, où le peuple n'est rien, « c'est-à-dire, où la vie et les biens des par-

« ticuliers dépendent de la volonté d'un seul ;
« où la loi n'oblige que le faible, où les im-
« pôts n'écrasent que le pauvre ; où les ca-
« prices d'un individu en peuvent conduire
« cent mille sur un champ de bataille ; où
« l'on répond par des lettres de cachet aux
« plaintes de l'opprimé ; où l'égalité légale
« est foulée aux pieds ; enfin, où la loi n'est
« que l'expression de la volonté du Monar-
« que (1) ».

Voilà l'espèce de Gouvernement que dési-
rent les anciens nobles et le clergé de France.

« Un Gouvernement constitutionnel, est
« celui où la nation entière, par un exercice
« de sa souveraineté, se choisit un magis-
« trat pour veiller à l'exécution des lois qu'elle
« s'impose ; c'est celui où tous les citoyens
« sont égaux devant la loi ; où le mandataire
« infidèle et parjure est puni par ses man-
« dans ; où la noblesse n'est qu'une récom-
« pense et non un droit ; où chaque individu,
« quelle que soit sa naissance, a la faculté
« d'aspirer aux grandes places de l'État ; où

______

(1) Pag. 90 du Mercure de France, n°. 657. Avril 1814,
ainsi que le paragraphe suivant.

« l'on ne peut, sans se rendre coupable,
« attenter à la liberté individuelle ; où la ma-
« nifestation de la pensée est libre ; enfin, où
« la loi est égale pour tous, soit qu'elle pro-
« tége, soit qu'elle punisse ».

Voilà l'espèce de Gouvernement qui con-
vient au peuple français.

A qui appartient de faire cette Constitution ? au Sénat et au Corps Législatif, et non
au Monarque. Beaucoup de gens diront : Qu'importe par qui le bien se fasse ? Mais de ce
que le Monarque seul imposerait une Constitution au peuple, ne s'ensuivrait-il pas que
lui où ses successeurs pourraient la réformer
à leur gré.

C'est précisément ce qui est arrivé de la
dernière Constitution du 4 juin 1814. Il paraît que Louis XVIII ne l'a pas faite seule, à
en juger par ces paroles, qu'il prononça au
Corps Législatif : « C'est guidé par l'expé-
« rience et secondé par les conseils de plu-
« sieurs d'entre vous, réunis à des commis-
« saires de mon Conseil, que j'ai rédigé la
« Charte constitutionnelle dont vous allez en-
« tendre la lecture, et qui asseoit sur des
« bases solides la prospérité de l'État ».

Nous allons examiner les articles de cette Constitution qui ont été violés.

Art. 3. *Ils sont tous (les Français) admissibles aux emplois civils et militaires.*

Cet article n'a pas été exécuté. Qu'on consulte les ordonnances du Roi , on verra qu'il n'y avait de place que pour l'ancienne noblesse. Les bourgeois ou roturiers, qui en sollicitaient , pouvaient être sûrs de n'en point obtenir, malgré les promesses qu'on leur faisait ; ceux qui en occupaient encore, auraient fini par les perdre, pour être remplacés par ces Messieurs ou autres personnes, ayant leur même manière de penser. Ainsi, une fois qu'ils eussent eu toutes les charges, les anciens abus auraient été rétablis. Les nobles et les prêtres, disaient publiquement , qu'avant la fin de l'année 1815, on leur rendrait leurs biens qui avaient été vendus dans le courant de la Révolution ; et que les privilèges, droits féodaux, dîmes, seraient remis dans le même état, où ils étaient avant 1789. Enfin , si l'Empereur ne fût pas revenu en France, nous serions retombé dans un esclavage plus dur et plus honteux que celui qui opprima nos pères si long-temps.

Art. 5. *Chacun professe sa religion avec une égale liberté, et obtient pour son culte, la même protection.*

Une ordonnance du Directeur de la police sur l'observation des dimanches et fêtes, fût dénoncée à la Chambre des Députés, et donna lieu à de longues discussions. Il s'agissait de savoir si elle n'était point contraire à la disposition de la Charte constitutionnelle sur la liberté des cultes, et si elle ne contenait pas une usurpation du pouvoir législatif, en portant des peines contre les contrevenans. Sous Napoléon, le Ministre de la police n'aurait pas contraint les Juifs, qui fêtent le samedi, à fêter le dimanche; il n'aurait pas mécontenté le peuple par des mesures qui seraient ridicules si elles n'étaient tyranniques.

Une majorité considérable blâma la conduite du directeur de la police, en déclarant que son ordonnance violait les droits publics et privés des citoyens. Louis XVIII, sur la résolution de la Chambre des députés et sur celle des pairs, ordonna le 18 novembre 1814, une *loi sur l'observation des dimanches et fêtes,* que je désire voir abrogée.

(11)

Art. 8. *Les Français ont le droit de publier et de faire imprimer leurs opinions, en se conformant aux lois qui doivent réprimer les abus de cette liberté.*

On inséra quelques jours après que cette charte fut publiée, une ordonnance royale qui soumettait provisoirement la presse aux mêmes entraves que sous le gouvernement de Napoléon, avant qu'il eût été à l'île d'Elbe. Les bons citoyens alarmés, virent dans ces mesures une usurpation du pouvoir législatif et une violation formelle de la constitution. A quoi bon nous en avoir donné une, disaient-ils, si dès le lendemain, elle est violée par une ordonnance.

Cela excita plusieurs réclamations dans la Chambre des députés. Plusieurs membres firent des motions en faveur de la liberté de la presse, et le gouvernement se décida à présenter un projet de loi. Aussitôt qu'il fut connu, il alarma tous les amis de la liberté, parce qu'il ne tendait qu'à rétablir la censure, avec quelques modifications, il est vrai, mais avec assez de pouvoir pour que le despotisme n'eût plus rien à craindre de la manifestation de la pensée. Il ne dispensait (en apparence) de la censure préalable que les ouvrages dont l'impression était longue et dispendieuse, ainsi que ceux qui étaient écrits dans une langue morte ou dans une langue étrangère.

De longs discours furent prononcés dans les Chambres des députés et des pairs pour et contre le projet. La loi fut adoptée à une très-grande majorité.

Art. 69. *Les militaires en activité de service, les officiers et soldats en retraite, les veuves, les officiers et soldats pensionnés conserveront leurs grades, honneurs et pensions.*

Cet article a encore été violé en partie. Combien de colonels, de capitaines et officiers qui furent licenciés, pour être remplacés par des émigrés et des chefs de révoltes! Il en était, à qui leurs services pouvaient donner des droits à la conservation de leurs places. Beaucoup murmuraient, et non pas peut-être sans fondement, de se voir ainsi renvoyés et privés d'un état qu'ils exerçaient depuis nombre d'années, tandisque des jeunes gens, de nouveaux initiés, étaient conservés comme *entretenus.*

Les pensions des officiers en activité de service, ou en retraite, des veuves ou autres personnes, n'étaient pas payées exactement,

Louis XVIII préférait donner des récompenses aux Vendéens et aux Chouans, en reconnaissance des services qu'ils lui avaient rendus, en combattant contre les républicains. Il envoyait et prodiguait, pour avilir la légion d'honneur, des décorations dans les départemens de l'Ouest à tous ceux qui ne cessèrent d'y porter le fer et la flamme. Un monument expiatoire est élevé à Quiberon, où moururent le 16 juillet 1795, des hommes qui ne firent que porter la guerre civile et la désolation au sein de la patrie. Ces Chouans ou Vendéens étaient des héros, et nos braves militaires des rebelles. Ainsi, il fallait avoir porté les armes contre sa patrie pour pouvoir prétendre aux honneurs et aux récompenses. Il faut en convenir, l'orgueil français ne pouvait qu'en être humilié.

Voici les articles qu'on eût transgressé par la suite.

ART. 9. *Toutes les propriétés sont inviolables, sans aucune exception de celles qu'on appelle nationales, la loi ne mettant aucune différence entre elles.*

Je m'attendais, ainsi que beaucoup d'autres personnes, que les acquéreurs des biens nationaux, auraient été obligés de rendre ces biens à leurs anciens possesseurs. Eux-mêmes ne cessaient de s'intriguer pour cet objet. En 1814, un membre de la Chambre des députés en demanda la remise. Le roi s'exprimait ainsi dans le préambule de la loi sur la remise des biens non vendus des émigrés, du 5 décembre 1814 : « l'engagement que nous avons solen- « nellement contracté, et que nous réitérons, « de maintenir la vente des domaines natio- « naux... » Quoique cela, on eût été obligé de les rendre.

ART. 2. *Toutes recherches des opinions et votes émises jusqu'à la restauration, sont interdites. Le même oubli est commandé aux tribunaux et aux citoyens.*

Quelque temps après l'arrivée de Louis XVIII à Paris, et le 21 janvier dernier, on fit le service funéraire de Louis XVI. On devait élever sur la place de la Concorde à Paris, un monument qui aurait représenté ce dernier monarque, Marie-Antoinette son épouse, et Élisabeth, victimes de la révolution.

N'était-ce pas réveiller de mauvais souvenirs, et donner de l'inquiétude à ceux qui avaient voté la mort de Louis XVI. Notez que le Comte d'Artois et Louis XVIII avaient dit au Corps

Législatif et au Sénat en arrivant à Paris : *Il ne peut plus y avoir parmi nous qu'un sentiment, il ne faut plus se rappeler le passé; nous ne devons plus former qu'un peuple de frères.* Malgré ces promesses, ceux qui avaient voté la mort du Roi, par la suite des temps, auraient été punis sévèrement, comme ceux qui auraient pris fait et cause pour la révolution. On aurait aposté des assassins sur les routes pour perdre ses ennemis particuliers, et satisfaire des vengeances personnelles.

Je suis loin d'avoir rappelé toutes les violations de cette constitution. Ceux qui voudront voir de plus grands détails, consulteront *l'examen rapide du Gouvernement des Bourbons en France*, etc. brochure in-8°. de 71 pages. Paris, L. Colas, 1815.

Comme on voit, la violation de ces articles de la constitution, eût été contraire à la plus grande majorité de la nation, et eût fait son malheur. Un homme, un seul homme pouvait relever la France abattue; un seul était appelé par un vœu unanime : c'était Napoléon Buonaparte. Lui seul peut anéantir toutes les prétentions.

« ....Instruit que le peuple en France avait

« perdu tous ses droits acquis par vingt-cinq
« années de combats et de victoires , et que
« l'armée était attaquée dans sa gloire, il résolut
« de faire changer cet état de chose , de réta-
« blir le trône impérial qui seul pouvait ga-
« rantir les droits de la nation, et de faire dis-
« paraître ce trône royal que le peuple avait
« proscrit, comme ne garantissant que les in-
« térêts d'un petit nombre d'individus ». (1)

L'Empereur s'embarqua à Porto-Ferrajo, le
26 février 1815, à cinq heures du soir, sur un
brick portant 26 canons et 400 hommes de sa
garde, et le 20 mars suivant, il fit son entrée à
Paris, à neuf heures du soir, après avoir été
absent de la France trois cent cinq jours.

Le 16 mars dernier, lorsque Napoléon ap-
prochait de la capitale, Louis XVIII et le Comte
d'Artois, pour réparer les outrages faits à la nation et à l'armée, jurèrent en présence des
membres de la Chambre des députés de maintenir la constitution. « Le temps des illusions
« était passé, la confiance était aliénée pour
« jamais. Aucun bras ne s'est armé pour leur

____

(1) Page 236 du Mercure de France, n°. 626. Samedi 25 mars 1815.

« défense : la nation et l'armée ont volé au de-
« vant de leur libérateur. » (1)

Tous les royalistes traitent Napoléon d'*usur-
pateur*. Il ne mérite point cette dénomination,
parce que le titre d'*Empereur des Français*,
lui a été conféré par un pacte *bien librement*
consenti par la nation.

----

(1) Adresse du Conseil d'État à l'Empereur.

RÉFLEXIONS

SUR QUELQUES ARTICLES

DE L'ACTE ADDITIONNEL

AUX CONSTITUTIONS DE L'EMPIRE, AVEC LE TEXTE
auquel ces actes se rapportent.

———

NAPOLÉON, par la grâce de Dieu et les Constitutions, Empereur des Français, à tous présens et à venir, salut:

Depuis que nous avons été appelés, il y a quinze années, par le vœu de la France, au gouvernement de l'Etat, nous avons cherché à perfectionner, à diverses époques, les formes constitutionnelles, suivant les besoins et les désirs de la nation, et en profitant des leçons de l'expérience. Les constitutions de l'Empire se sont ainsi formées d'une série d'actes qui ont été revêtus de l'acceptation du peuple. Nous avions alors pour but d'organiser un grand système fédératif européen, que nous avions adopté comme conforme à l'esprit du siècle et

favorable aux progrès de la civilisation. Pour
parvenir à le compléter et à lui donner toute
l'étendue et toute la stabilité dont il était sus-
ceptible, nous avions ajourné l'établissement
de plusieurs institutions intérieures, plus spécialement destinées à protéger la liberté des
citoyens. Notre but n'est plus désormais que
d'accroître la prospérité de la France, par l'af-
fermissement de la liberté publique. De là ré-
sulte la nécessité de plusieurs modifications
importantes dans les constitutions, sénatus-
consultes et autres actes qui régissent cet Empire. *À ces causes*, voulant, d'un côté, conserver du passé ce qu'il y a de bon et de salu-
taire, et, de l'autre, rendre les constitutions
de notre Empire conformes en tout aux vœux
et aux besoins nationaux, ainsi qu'à l'état de
paix que nous désirons maintenir avec l'Europe, nous avons résolu de proposer au peuple
une suite de dispositions tendant à modifier et
à perfectionner ses actes constitutionnels, à en-
tourer les droits des citoyens de toutes leurs
garanties, à donner au système représentatif
toute son extension, à investir les corps inter-
médiaires de la considération et du pouvoir
désirables ; en un mot, à combiner le plus haut
point de liberté politique et de sûreté indivi-

duelle, avec la force et la centralisation nécessaires pour faire respecter par l'étranger l'in-
dépendance du peuple français et la dignité de
notre couronne. En conséquence, les articles
suivans, formant un acte supplémentaire aux
constitutions de l'Empire, seront soumis à
l'acceptation libre et solennelle de tous les citoyens, danst toute l'étendue de la France.

TITRE PREMIER.

Dispositions générales.

ARTICLE 1. Les Constitutions de l'Empire,
nommément l'acte constitutionnel du 22 frimaire an 8, les senatus-consultes des 14 et 16
thermidor an 10, et celui du 28 floréal an 12,
seront modifiés par les dispositions qui suivent. Toutes leurs autres dispositions sont
confirmées et maintenues.

2. Le pouvoir législatif est exercé par l'Empereur et par deux chambres.

3. La première Chambre, nommée Chambre des Pairs, est héréditaire.

4. L'Empereur en nomme les Membres,
qui sont irrévocables, eux et leurs descen-
dans mâles, en aîné en ligne directe.
Le nombre des Pairs est illimité. L'adoption

ne transmet point la dignité de Pair à celui qui en l'objet.

Les Pairs prennent séance à vingt-un ans, mais n'ont voix délibérative qu'à vingt-cinq.

5. La Chambre des Pairs est présidée par l'Archi-Chancelier de l'Empire, ou, dans le cas prévu par l'article 51 du Sénatus Consulte du 28 floréal an 12, par un des Membres de cette Chambre, désigné spécialement par l'Empereur.

6. Les membres de la famille impériale, dans l'ordre de l'hérédité, sont Pairs de droit. Ils siègent après le président. Ils prennent séance à dix-huit ans, mais n'ont voix délibérative qu'à vingt-un.

Réflexions. La dénomination de *Sénateur*, conviendrait mieux que celle de Pair.

L'équilibre des pouvoirs serait-il dérangé, si la nomination des membres de la chambre des Pairs n'était pas exclusivement réservée à l'Empereur, et qu'on y fit concourir la chambre des Représentans et le Conseil d'état? L'élu serait l'homme de la nation; désormais un membre de la chambre des Pairs ne sera plus que l'homme du monarque, et au lieu de représenter la nation, il ne représentera plus que lui-même et sa famille. L'hérédité ferme d'ailleurs une porte au mérite éminent, en l'ouvrant à un individu revêtu d'un titre qui ne donne pas et ne suppose pas même le mérite; à un adolescent qui sera un homme sensé, ou un sot, un homme probe, ou dépravé, tant qu'on n'aura pas trouvé le secret d'établir l'hérédité des talens et des vertus.

En ne rendant point héréditaire les membres de la chambre des Pairs, on est-à-peu-près sûr que les hommes les plus distingués par leurs talens seront appelés au timon de l'état, pourvu que les nominations ne soient point le fruit de l'intrigue et de l'astuce. Les enfans de la plupart de ces membres, seront-ils capables de les remplacer? Car un homme absolument nul ne peut occuper long-temps une première place, sous un pareil Gouvernement; attaqué par la voix publique et dans la Chambre, il serait bientôt obligé de descendre du poste où la seule faveur l'aurait fait monter.

On m'objectera que s'il survenait une grande disette de talent dans cette Chambre, l'illimitation du nombre des Pairs permettrait toujours au prince (1) d'en enrichir le premier corps de l'Empire.

____

(1) Il y a tendance naturelle à usurpation entre pouvoir concomitans, dit un savant publiciste, dont j'emprunte les réflexions qu'il a insérées dans le Moniteur,

7. La seconde Chambre, nommée Chambre des Représentans, est élue par le peuple.

8. Les membres de cette Chambre sont au nombre de six cent vingt-neuf. Ils doivent être âgés de vingt-cinq ans au moins.

9. Le président de la Chambre des Représentans est nommé par la Chambre, à l'ouverture de la première session. Il reste en fonctions jusqu'au renouvellement de la Chambre. Sa nomination est soumise à l'approbation de l'Empereur.

10. La Chambre des Représentans vérifie les pouvoirs de ses membres, et prononce sur la validité des élections contestées.

---

sur l'acte additionnel ; si un corps intermédiaire n'est assez puissant pour tenir l'un et l'autre dans leurs limites , il s'en suivra la décomposition de l'organisation sociale : ou la Chambre des représentans énervera et finira par anéantir le pouvoir exécutif ; ou la Chambre des Pairs étendant sa prérogative, neutralisera celle des représentans, qui ne deviendra plus qu'un moyen de légaliser ses usurpations.

L'hérédité des Pairs est tout à-la-fois une limitation de la prérogative royale, puisque la nomination d'un Pair consommé, ne se renouvelle plus pour son fils, et un appui pour le trône, qui serait sans cesse vacillant au-dessus de corps populaires et amovibles.

11. Les membres de la Chambre des Représentans reçoivent pour frais de voyage , et durant la session, l'indemnité décrétée par l'Assemblée constituante.

12. Ils sont indéfiniment rééligibles.

13. La Chambre des Représentans est renouvelée de droit en entier tous les cinq ans.

14. Aucun membre de l'une ou de l'autre Chambre ne peut être arrêté, sauf le cas de flagrant délit, ni poursuivi en matière criminelle ou correctionnelle pendant les sessions, qu'en vertu d'une résolution de la Chambre, dont il fait partie.

15. Aucun ne peut être arrêté ni détenu pour dettes, à partir de la convocation, ni quarante jours après la session.

16. Les Pairs sont jugés par leur Chambre, en matière criminelle ou correctionnelle, dans les formes qui seront réglées par la loi.

17. La qualité de Pair et de Représentant est compatible avec toutes les fonctions publiques, hors celles de comptables.

Toutefois les Préfets et Sous-Préfets ne sont pas éligibles par le Collège électoral du département, ou de l'arrondissement qu'ils administrent.

18. L'Empereur envoie dans les Chambres,

des Ministres d'état et des Conseillers d'état,
qui y siègent et prennent part aux discussions,
mais qui n'ont voix délibérative que dans le
cas où ils sont membres de la Chambre comme
Pairs ou élus du peuple.

19. Les Ministres qui sont membres de la
Chambre des Pairs ou de celle des Représentans, ou qui siègent par mission du Gouvernement, donnent aux Chambres les éclaircis-
semens qui sont jugés nécessaires, quand leur
publicité ne compromet pas l'intérêt de l'Etat.

20. Les séances des deux Chambres sont
publiques. Elles peuvent néanmoins se former
en comité secret, la Chambre des Pairs sur
la demande de dix membres, celle des Représentans sur la demande de vingt-cinq. Le Gouvernement peut également requérir des comi-
tés secrets pour des communications à faire.
Dans tous les cas, les délibérations et les votes
ne peuvent avoir lieu qu'en séance publique.

21. L'Empereur peut proroger, ajourner
et dissoudre la Chambre des Représentans. La
proclamation qui prononce la dissolution,
convoque les Collèges électoraux pour une
élection nouvelle, et indique la réunion des
Représentans dans six mois au plus tard.

Réflexions. Cet article mériterait d'être réformé.

En accordant à l'Empereur le droit de dissoudre la Chambre des représentans, on laisse au pouvoir exécutif une arme puissante contre la liberté populaire. La convocation d'une nouvelle chambre des représentans lui présentera, ainsi qu'à ses successeurs des chances favorables à ses vues.

22. Durant l'intervalle des sessions de la Chambre des Représentans, ou en cas de dissolution de cette Chambre, la Chambre des Pairs ne peut s'assembler.

23. Le Gouvernement a la proposition de la loi; les Chambres peuvent proposer des amendemens; si ces amendemens ne sont pas adoptés par le Gouvernement, les Chambres sont tenues de voter sur la loi telle qu'elle a été proposée.

24. Les Chambres ont la faculté d'inviter le Gouvernement à proposer une loi sur un objet déterminé, et de rédiger ce qu'il leur paraît convenable d'insérer dans la loi. Cette demande peut être faite par chacune des deux Chambres.

25. Lorsqu'une rédaction est adoptée dans l'une des deux Chambres, elle est portée à l'autre; et si elle y est approuvée, elle est portée à l'Empereur.

26. Aucun discours écrit, excepté les rap-

ports des commissions, les rapports des Ministres sur les lois qui sont présentées et les comp-
tes qui sont rendus, ne peut être lu dans l'une
ou l'autre des Chambres.

Réflexions. Beaucoup de personnes écrivent
mieux, qu'elles ne prononcent de mémoire un
discours. Je ne doute pas, que parmi les nouveaux
membres de la Chambre des représentans, il s'en
trouvera beaucoup dans ce cas. Cet article con-
damnera de grand talens au silence, et elle forcera
beaucoup d'hommes timides à s'éloigner de la
tribune.

TITRE II.

Des Collèges électoraux et du mode d'élection.

27. Les collèges électoraux de département
et d'arrondissement sont maintenus, confor-
mément au Sénatus-Consulte du 16 thermidor
an 10, sauf les modifications qui suivent.

28. Les assemblées de canton rempliront,
chaque année, par des élections annuelles,
toutes les vacances dans les collèges électoraux.

29. A dater de l'an 1816, un membre de la
Chambre des Pairs désigné par l'Empereur,
sera président à vie et inamovible de chaque
Collège électoral de département.

50. A dater de la même époque, le collège électoral de chaque département nommera, parmi les membres de chaque Collège d'arrondissement, le président et deux vice-présidens. A cet effet, l'assemblée du collège de département précédera de quinze jours celle du collège d'arrondissement.

51. Les collèges de département et d'arrondissement nommeront le nombre de Représentans établi pour chacun par l'acte et le tableau ci-annexés, n°. 1.

52. Les Représentans peuvent être choisis indifféremment dans toute l'étendue de la France.

Chaque collège de département ou d'arrondissement qui choisira un Représentant hors du département ou de l'arrondissement, nommera un suppléant qui sera pris nécessairement dans le département ou l'arrondissement.

53. L'industrie et la propriété manufacturière et commerciale auront une représentation spéciale.

L'élection des Représentans commerciaux et manufacturiers sera faite par le collège électoral de département, sur une liste d'éligibles dressée par les Chambres de commerce et les

Chambres consultatives réunies, suivant l'acte
et le tableau ci-annexé, n°. 2.

TITRE III.

De la loi de l'Impôt.

54. L'Impôt général direct, soit foncier, soit mobilier, n'est voté que pour un an; les impôts indirects peuvent être votés pour plusieurs années. Dans le cas de la dissolution de la Chambre des Représentans, les impositions votées dans la session précédente, sont continuées jusqu'à la nouvelle réunion de la Chambre.

35. Aucun impôt direct ou indirect, en argent ou en nature ne peut être perçu, aucun emprunt ne peut avoir lieu, aucune inscription de créance au grand-livre de la dette publique ne peut être fait, aucun domaine ne peut être aliéné ni échangé, aucune levée d'hommes pour l'armée ne peut être ordonnée, aucune portion du territoire ne peut être échangée qu'en vertu d'une loi.

36. Toute proposition d'impôt, d'emprunt ou de levée d'hommes, ne peut être faite qu'à la Chambre des Représentans.

Réflexions. Il importe d'assujétir le pouvoir

suprême à un ou plusieurs corps indépendans qui,
en surveillent l'exercice, qui puisse interposer des
barrières entre lui et l'abus, et garantir la nation
des attentats du despotisme; car l'expérience nous
démontre assez que, sous un despotisme absolu, les
lumières s'éteignent insensiblement, les arts ces-
sent d'être cultivés, l'émulation disparaît, chacun devient indifférent à la gloire nationale et
à la prospérité publique, de sorte que l'agricul-
ture, le commerce et la population s'anéantissent
graduellement. « Le plus parfait de tous les Gou-
« vernemens, dit Polybe (1), ne serait-il pas ce-
« lui dont les pouvoir se serviraient de contre-
« poids, où l'autorité du peuple réprimerait la
« trop grande puissance des rois, et où un Sénat
« choisi mettrait un frein à la licence du peuple? »

57. C'est aussi à la Chambre des Représentans qu'est porté, 1°. le budjet général de l'E-
tat, contenant l'aperçu des recettes et la proposition des fonds assignés pour l'année à chaque département du ministère; 2°. le compte
des recettes et dépenses de l'année, ou des
années précédentes.

____

(1) Polyb. Excerpt. lib. VI, cap. 8 et 9.

TITRE IV.

Des Ministres et de la responsabilité.

38. Tous les actes du Gouvernement doivent être contre-signés par un Ministre ayant département.

39. Les Ministres sont responsables des Actes du Gouvernement signés par eux, ainsi que de l'exécution des lois.

40. Ils peuvent être accusés par la Chambre des représentans, et sont jugés par celle des pairs.

41. Tout Ministre, tout Commandant d'armée de terre ou de mer peut être accusé par la Chambre des Représentans et jugé par la Chambre des Pairs, pour avoir compromis la sûreté ou l'honneur de la nation.

42. La Chambre des Pairs, en ce cas, exerce, soit pour caractériser le délit, soit pour infliger la peine, un pouvoir discrétionnaire.

43. Avant de prononcer la mise en accusation d'un Ministre, la Chambre des Représentans doit déclarer qu'il y a lieu à examiner la proposition d'accusation.

44. Cette déclaration ne peut se faire qu'après le rapport d'une commission de soixante membres, tirés au sort. Cette commission ne

fait son rapport que dix jours au plus tôt après sa nomination.

45. Quand la Chambre a déclaré qu'il y a lieu à examiner, elle peut appeler le Ministre dans son sein pour lui demander des explications. Cet appel ne peut avoir lieu que dix jours après le rapport de la commission.

46. Dans tout autre cas, les Ministres ayant département, ne peuvent être appelés ni mandés par les Chambres.

47. Lorsque la Chambre des représentans a déclaré qu'il y a lieu à examen contre un Ministre, il est formé une nouvelle commission de soixante membres tirés au sort, comme la première, et il est fait, par cette commission, un nouveau rapport sur la mise en accusation. Cette commission ne fait son rapport que dix jours après sa nomination.

48. La mise en accusation ne peut être prononcée que dix jours après la lecture et la distribution du rapport.

49. L'accusation étant prononcée, la Chambre des représentans nomme cinq commissaires pris dans son sein, pour poursuivre l'accusation devant la Chambre des Pairs.

50. L'article 75 du titre VIII de l'acte constitutionnel, du 22 frimaire an 8, portant que

les agens du Gouvernement ne peuvent être poursuivis, qu'en vertu d'une décision du Conseil d'État, serait modifié par une loi.

Réflexions. Les fonctions publiques ne peuvent jamais être la propriété de ceux qui en sont revêtus. Ainsi les membres de la Chambre des Représentans, les Ministres, les Juges, etc., tous délégués du peuple, sont responsables, et en cas de besoin destituables. Si pour le bien de l'État, une Constitution déclare le monarque inviolable, elle porte le poids de la responsabilité sur ses Ministres, parce que la nation, non moins inviolable, doit trouver, quelque part sa garantie.

TITRE V.

Du pouvoir judiciaire.

51. L'Empereur nomme tous les juges. Ils sont inamovibles et à vie, dès l'instant de leur nomination, sauf la nomination des juges de paix et des juges de commerce, qui aura lieu comme par le passé.

Les juges actuels, nommés par l'Empereur aux termes du sénatus-consulte du 12 octobre 1807, et qu'il jugera convenable de conserver, recevront des provisions à vie, avant le premier janvier prochain.

52. L'institution des jurés est maintenue.

53. Les débats en matière criminelle sont publics.

54. Les délits militaires seuls sont du ressort des tribunaux militaires.

55. Tous les autres délits, même commis par les militaires, sont de la compétence des tribunaux civils.

56. Tous les crimes et délits qui étaient attribués à la Haute-Cour impériale, et dont le jugement n'est pas réservé par le présent acte à la Chambre des Pairs, seront portés devant les tribunaux ordinaires.

57. L'Empereur a le droit de faire grace, même en matière correctionnelle, et d'accorder des amnisties.

58. Les interprétations des lois, demandées par la cour de cassation, seront données dans la forme d'une loi.

TITRE VI.

Droits des Citoyens.

59. Les Français sont égaux devant la loi, soit pour la contribution aux impôts et charges publiques, soit pour l'admission aux emplois civils et militaires.

Réflexions. On aurait dû, ou on pourrait y ajouter :

Nul ne sera nommé à une place quelconque tel que membre de la Chambre des Pairs et celle des Représentans, Ministres, Juges, etc., qu'il n'en soit donné deux mois auparavant connaissance au public, par affiche, afin que les Français puissent émettre leurs opinions sur ces nominations, et que le Gouvernement ne soit point trompé dans son choix.

A cet effet, il serait ouvert au Palais des Tuileries, une salle où se trouverait un auditeur près le Conseil d'état, chargé de recevoir les dépositions, pour ou contre ceux qu'on aurait proposé pour un emploi. Il ferait un extrait des dépositions et les présenterait à Sa Majesté l'Empereur.

Pour faire un bon choix des personnes destinées aux emplois, l'Empereur Alexandre-Sévère les soumettait au public avant de les nommer.

Il faut donner la préférence à ceux qui sont sans protecteurs : Mot de Louis XVI au Ministre Montbarrel, lorsque ce dernier lui présenta une liste de candidats qui aspiraient à des emplois militaires et dont le nombre excédait de beaucoup ceux qu'on avait à donner.

Il est impossible de voir donner des emplois ou des places à tous les solliciteurs. Ceux qui ne peuvent en obtenir, murmurent. *Est-ce là être citoyens ?*

Je Lacédémonien Pédarète se présente pour être

admis au Conseil des trois cents ; il est rejeté, Il s'en retourne tout joyeux de ce qu'il s'est trouvé dans Sparte trois cents hommes valant plus que lui. *Voilà le citoyen.*

Imitons les Anglais, qui n'accordent de place dans l'administration, qu'à ceux qui ont le plus mérité, et non à ceux qui sont les plus riches ou qui ont le plus de protecteurs. Newton arriva par son *Optique,* ses *Fluxions* et ses *Principes mathématiques,* à la direction générale des monnaies dont le produit équivaut la totalité des pensions assignées en France aux gens de lettres. Les Sandys, les Seldens, les Steele, etc., dûrent à des ouvrages applaudis, les places qu'ils remplirent dans la Chambre des Communes.

Christine, Reine de Suède, savait distinguer le mérite, et avait le courage de le préférer à l'éclat de la naissance. Salvius, son Chancelier, qui avait réussi dans la négociation de plusieurs traités avantageux à la Suède, était d'un rang qui l'éloignait du rang de Sénateur. Mais Christine ne balança pas un instant à le lui conférer dès qu'elle se fut aperçue que ses talens l'en rendaient digne. « Quand « il est question, dit la Reine au Sénat assemblé, « de sages conseils et de bons avis, on ne demande « point à celui que l'on consulte combien il a de « quartiers, mais ce qu'il faut faire. Il ne manque « à Salvius que d'être d'une grande famille, et il

« peut compter pour un grand avantage, qu'on
« n'ait rien autre chose à lui reprocher. Il m'im-
« porte plus d'avoir des gens capables, que des
« gens illustres. »

60. Nul ne peut, sous aucun prétexte, être
distrait des juges qui lui sont assignés par la
loi.

61. Nul ne peut être poursuivi, arrêté, détenu ni exilé que dans les cas prévus par la loi
et suivant les formes prescrites.

62. La liberté des cultes est garantie à tous.

Réflexions. Pour rendre les hommes plus so-
ciables entr'eux ; il faut les rendre plus indifférens
à la diversité des cultes. *Il est très-difficile*, disait
le roi Jacques, *d'être bon sujet et bon théologien
tout ensemble.* Or le roi Jacques était bigot et
connaisseur en cette partie (*Helvétius*).

63. Toutes les propriétés possédées ou ac-
quises en vertu des lois, et toutes les créances
sur l'État sont inviolables.

64. Tout citoyen a le droit d'imprimer et
de publier ses pensées, en les signant, sans
aucune censure préalable, sauf la responsabilité légale, après la publication, par jugement,
par jurés, quand même il n'y aurait lieu qu'à
l'application d'une peine correctionnelle.

Réflexions. Pour montrer que la liberté de la presse est plus utile que nuisible, je vais donner un extrait du discours de M. Pastoret, qu'il prononça au Conseil des Cinq-Cents, le 23 ventoso an 4 (13 mars 1796). « La presse est au corps « politique ce que le sang est au corps humain ; « sans elle il languit, il tombe dans le dépérisse- « ment et la mort. La liberté de la presse n'en est « pas la licence ; et sous prétexte qu'on peut en « abuser, on ne doit pas pour cela l'interdire. « Le droit de porter une arme ou un flambeau, « n'est pas le droit de massacrer ou d'incendier ; « mais sous ce dernier prétexte, on ne peut ôter « au citoyen le droit de porter une arme ou un « flambeau.

« Le premier des dangers est la tyrannie ; n'est- « ce pas au moment où une constitution nais- « sante commence à marcher, qu'il faut se mettre « en garde contre les abus du pouvoir et les em- « piétemens du despotisme ? Sans doute les crain- « tes ne sont pas les mêmes, quand un Gouver- « nement bien organisé est assis sur une base so- « lide. Mais, avant qu'il soit parvenu à cet affer- « missement, n'est-il pas à craindre qu'une am- « bition heureuse, forte par ses agens, plus forte « encore par le silence des écrivains, n'abuse de « ses forces, pour renverser un ouvrage mal af- « fermi ? C'est en étouffant la liberté d'écrire, « que l'ignorance a fait peser si long-temps le des-

« potisme sur nos têtes, et a rivé nos fers (1) ».

« Les Gouvernemens, dit M. Benjamin de
« Constant, ne savent pas le mal qu'ils se font en
« se réservant le privilège exclusif de parler et
« d'écrire sur leurs propres actes : on ne croit
« rien de ce qu'affirme une autorité qui ne per-
« met pas qu'on lui réponde : on croit tout ce qui
« s'affirme contre une autorité qui ne tolère point
« d'examen (2) ».

Mais on m'insulte, on m'outrage, on me calomnie; eh bien! les lois sont-là pour vous protéger. Une loi répressive des délits résultant de
cette liberté ne peut frapper que ceux qu'on a
commis et non ceux que l'on commettra. Vous
voulez empêcher une action, de crainte qu'elle ne
devienne un crime; c'est comme si vous vouliez
empêcher le port d'armes, de peur que quelqu'un
n'en abuse pour tuer.

Ce ne sont pas les calomnies; ce sont les crimes qui déshonorent les modérateurs suprêmes de
l'État. On critiquera les opérations du Gouvernement; mais la lice est ouverte aux écrivains qui
prendront sa défense; ainsi du choc des opinions,

---

(1) Numéro 150 du Tableau de Paris. Mardi 15 mars
1796.—Quintidi 15 ventôse an 4.

(2) Réflexions sur les Constitutions, la distribution
des pouvoirs, et les garanties dans une Monarchie
Constitutionnelle.

(42)

jaillira la lumière. Otez ce choc, il ne reste plus
que les ténèbres de l'ignorance et la mort de l'esclavage.

« J'ai entendu des personnes, qui passent pour
« être sages, contester à l'*écrivain* le droit de
« juger les vivans. N'osant prescrire des outrages
« à la vérité, mais voulant ménager ceux qui,
« pour leur malheur, appartiennent à l'histoire,
« elles recommandent d'attendre leur *mort* pour
« prononcer sur leur *vie*. De semblables ména-
« gemens ne peuvent qu'avoir de funestes résul-
« tats. En effet, les hommes que leurs fonctions
« rendent justiciables de l'historien, n'ayant pas
« à craindre d'être jugés de leur vivant, se livre-
« ront avec impunité aux plus grands attentats,
« rien ne sera sacré pour eux ; et, s'ils parvien-
« nent à mettre leur responsabilité à couvert, ils
« s'inquiéteront fort peu de ce que la postérité
« pensera sur le compte.

« Mais si l'on écrit avec liberté l'histoire d'un
« Empereur, d'un Roi, d'un Ministre ou d'un
« Général, lorsqu'il peut encore répondre, soyez
« sûr qu'il fera toussses efforts pour n'être pas jugé
« par un tribunal dont nul ne peut décliner la
« juridiction, c'est-à-dire qu'il se conduira en ci-
« toyen vertueux, afin de ne pas voir s'élever
« contre lui de ces accusateurs dont la jouissance
« est fondée sur l'opinion publique, base iné-
« branlable et sacrée que respectent les pervers,

(41)

« lors même qu'ils affectent de la mépriser (1) ».

65. Le droit de pétition est assuré à tous les citoyens. Toute pétition est individuelle. Ces pétitions peuvent être adressées, soit au Gouvernement, soit aux deux Chambres : néanmoins, ces dernières mêmes doivent porter l'intitulé à S. M. l'Empereur. Elles seront lues publiquement ; et si la Chambre les prend en considération, elles sont portées à l'Empereur par le président.

66. Aucune place, aucune partie du territoire ne peut être déclarée en état de siége que dans le cas d'invasion de la part d'une force étrangère, ou de troubles civils.

Dans le premier cas, la déclaration est faite par un acte du Gouvernement.

Dans le second cas, elle ne peut l'être que par la loi. Toutefois, si le cas arrivant, les Chambres ne sont pas assemblées, l'acte du Gouvernement déclarant l'état de siége, doit être converti en une proposition de loi, dans les quinze premiers jours de la réunion des Chambres.

67. Le peuple français déclare que, dans

---

(1) Page 264 du Mercure de France, du mois de mai 1814.

la délégation qu'il a faite et qu'il fait de
ses pouvoirs, il n'a pas entendu et n'entend
pas donner le droit de proposer le rétablis-
sement des Bourbons, ou d'aucun Prince de
cette famille sur le trône, même en cas d'ex-
tinction de la dynastie Impériale, ni le droit
de rétablir, soit l'ancienne noblesse féodale ,
soit les droits féodaux et seigneuriaux, soit les
dîmes, soit aucun culte privilégié et domi-
nant, ni la faculté de porter aucune atteinte
à l'irrévocabilité de la vente des domaines
nationaux; il interdit formellement au Gouvernement, aux Chambres et aux Citoyens,
toute proposition à cet égard.

Donné à Paris, le 22 avril 1815.

Signé, NAPOLÉON.

Par l'Empereur,

Le Ministre-Secrétaire d'Etat,

Signé, le duc de BASSANO.

Voici quelques articles additionnels qu'on
aurait dû ou qu'on devrait ajouter à cette
Constitution, car en coûtait-il ou en coûterait-
il beaucoup de déclarer que :

1°. Le secret des lettres est sacré.

2°. La peine de confiscation des biens est
abolie et ne pourra être rétablie.

3°. Aucun français ne pourra être poursuivi, inquiété ou troublé, dans sa personne ou dans sa propriété, à cause de sa conduite ou opinion politique, ou vote qu'il a pu émettre depuis 1789, jusqu'au mois de mars 1815.

4°. Cette Constitution sera révisée et améliorée tous les dix ans.

5°. Quiconque enfreindra ou violera quelques articles de cette Constitution, sans le consentement du Conseil d'Etat, de la Chambre des Pairs, de celle des Représentans; sera destitué, chassé du pays ou condamné à mort (1).

---

(1) Une loi antique de l'île de Ceylan, assujétissait le Roi à l'observation de la loi, et le condamnait à la mort, s'il osait la violer. Si les peuples connaissaient leurs prérogatives, cet ancien usage subsisterait dans toutes les contrées de la terre. La loi n'est rien, si son glaive ne plane indistinctement sur toutes les têtes. (Raynal.)

DU GOUVERNEMENT RÉPUBLICAIN.

UN *Gouvernement républicain*, est un État gouverné par plusieurs magistrats élus par le peuple.

Aimant le changement, ce Gouvernement conviendrait bien à notre caractère. Après avoir vu d'effroyables abus, des dangers horribles qu'une longue et cruelle expérience nous a révélé, comment, disent beaucoup d'écrivains, parle-t-on encore de ce Gouvernement. On retomberait de Carybde en Scylla. Il n'en est pas moins vrai que nous avons été heureux durant le Gouvernement consulaire. Les républiques de Gênes, Lucques, Saint-Marin, Raguse et Venise, n'ont-elle pas duré plusieurs siècles? On m'objectera que ce Gouvernement ne peut pas nous convenir, parce que nous sommes trop égoïstes, ou visons trop à notre intérêt personnel, et que nous ne sommes pas assez patriotes, comme le sont les Anglais et les Espagnols, pour pouvoir vivre sous ce Gouvernement. Tant qu'il y aura des anciens nobles et des prêtres, attachés à l'an-

cien régime, nous ne pourrons avoir de Gouvernement républicain.

Qu'il connaissait bien notre caractère, ce
roi de Prusse (Frédéric II), qui écrivait à
d'Alembert.

« Il faut aux Parisiens toujours de la nou-
« veauté; ils dirent beaucoup de bien de
« Louis XVI à son avènement au trône. Le
« secret pour être approuvé en France, c'est
« d'être nouveau. Votre nation, lasse de
« Louis XIV, pensa insulter son convoi funè-
« bre. Louis XV également, a duré trop long-
« temps. On a dit du bien du feu duc de
« Bourgogne, parce qu'il mourut avant de
« monter sur le trône, et du dernier dauphin
« par la même raison. Pour servir vos Fran-
« çais selon leur goût, il leur faut tous les
« deux ans un nouveau roi; la nouveauté est
« la déité de votre nation : et quelque bon
« Souverain qu'ils aient, ils lui cherchent à
« la longue des défauts et des ridicules, comme
« si, pour être roi, on cessait d'être homme ».

Un observateur a remarqué que la plupart
des fonctionnaires publics, qui étaient en
place au mois de mars dernier, lors du retour
de Napoléon, avait prêté serment de fidélité à
Louis XVI, avaient juré la constitution de

1791, celle de 1793, de l'an 3, an 8, an 12, et celle de 1814. Le même observateur conclut de toutes ces variantes, que les mêmes fonctionnaires ne se refuseraient probablement pas à un autre serment, en cas d'un emploi dans le nouvel ordre de chose. Au surplus, ceci annonce une souplesse de conscience absolument nécessaire dans une révolution, quand on veut s'élever à une certaine hauteur.

C'est le cas de dire :

Les sermens ne sont rien qu'une fragile chaîne
Qu'on forme sans dessein, et qu'on brise sans peine.

On trouve dans Salvien, écrivain du cinquième siècle, un singulier passage sur la facilité des Français à jurer et violer des sermens : *Que les Français se parjurent, ce n'est pas de quoi s'étonner; jurer, oublier qu'ils ont juré, est pour eux une chose ordinaire, une formule de conversation.*

« Cet excès de bassesse, dit M. Salgues (1) « indigne, à la vérité, les âmes honnêtes ; « mais il sert admirablement les âmes faciles

____

(1) Mémoires pour servir à l'Histoire de France, sous le Gouvernement de Buonaparte, etc.

(47)

« et accommodantes qui sont prêtes à tout,
« même à l'opprobre; car c'est à cette flexi-
« bilité de conscience, à cette abnégation des
« lois et de la reconnaissance et de l'honneur
« que nous devons le plaisir de voir depuis
« vingt ans les mêmes hommes se perpétuer
« dans les mêmes places, et se plier à tous
« les gouvernemens, quels qu'en soient les
« formes, les chefs ou les principes. On les
« accuse d'inconstance : c'est une calomnie,
« ils sont constamment vils, constamment at-
« tachés à leurs intérêts personnels ».

Malgré les vérités qu'on vient de lire, je
n'en persiste pas moins à croire que le gouvernement républicain nous conviendrait, s'il en
est encore temps. Il nous faudrait une nouvelle constitution. Le gouvernement serait
confié à un Consul, rééligible tous les quatre
ans. En mettant trois Consuls comme en l'an 8,
il pourrait y avoir division entre eux. Napoléon Bonaparte, en reconnaissance des services qu'il a rendus à la France, serait Consul
à vie.